AF479402

ERNEST MERSON

LA LIBERTÉ

DE LA PRESSE

SOUS

LES DIVERS RÉGIMES

PARIS

AMYOT, ÉDITEUR, RUE DE LA PAIX

Janvier 1874.

ERNEST MERSON

LA LIBERTÉ

DE LA PRESSE

SOUS

LES DIVERS RÉGIMES

PARIS

AMYOT, ÉDITEUR, RUE DE LA PAIX

Janvier 1874.

Cette étude a été publiée dans l'*Union   Bretonne* des 9, 10, 11, 12, 13, 18 et 19 décembre 1873.

L'auteur en réunit les divers chapitres en une brochure destinée surtout à éclairer les législateurs, sur les précédents qu'ils ont à consulter , pour accomplir utilement l'œuvre dont la nécessité s'impose à leurs lumières autant qu'à leur patriotique dévouement.

I.

On annonce que le gouvernement va présenter à l'Assemblée nationale un projet de loi sur la presse.

Nous ignorons sur quelles bases sera établi ce projet de loi, que l'abus de la liberté d'écrire rend absolument nécessaire. Mais, dans l'intérêt bien compris du pays, nous souhaitons que les ministres du maréchal Mac-Mahon s'inspirent surtout de ce qui fut pratiqué, dans l'espèce, par le pouvoir issu du Deux Décembre.

On dira que nous voulons la compression de la pensée. On aura tort. Nous souhaitons uniquement que la société soit garantie efficacement contre des excès qui la mettent aujourd'hui en un grave péril. Voilà tout. Ce que nous pensions sous l'Empire, nous le pensons encore ; ce que nous disions, nous ne faisons nulle difficulté de le redire. Tant notre conviction est immuable et profonde, et tant nous avons à cœur, n'importe la forme du gouvernement, de voir la France garantie contre les entreprises des méchants.

En politique on se contente rarement des franchises qu'on possède. On aspire sans cesse à plus ; et, dans cette ambition insatiable, il semble qu'on soit autorisé, par les applaudissements factices qu'on provoque, à ne garder ni raison, ni mesure. Plus on obtient et plus on veut obtenir ; on aurait davantage, qu'on ne se déclarerait pas satisfait et qu'on poursuivrait toujours quelque autre conquête, plus vaste et plus décisive.

C'est là ce qui a caractérisé toujours les efforts des partis, et ce qui retient les gouvernements soucieux de leur conservation, dans leur penchant naturel vers la concession généreuse de toutes les libertés. Les libertés ont été essayées et expérimentées bien des fois, avec ou sans règle ; il serait superflu de dire ce qu'elles ont produit. Soumises au frein, on s'en est servi comme d'un levier pour soulever les passions ; dépourvues de contre-poids ou de contrôle, on les a exploitées pour développer tous les désordres. Elles sont nécessaires sans doute; autant que personne nous les aimons et nous en sommes fiers, parce qu'elles portent en elles la marque du progrès ; seulement, nous les aimons mieux graduées dans leur application, suivant les instincts et les besoins des peuples, que décrétées uniformément et à titre de droit pur, pour la satisfaction et l'avancement des révolutionnaires universels. Nous estimons que, restreintes dans la loi, elles sont plus régulières, plus efficaces, surtout plus véritablement fortes ; en un mot, nous les voulons modérables et non pas dominantes, relatives et non pas absolues, pour qu'elles vivifient plus effectivement et qu'elles n'oppriment point.

Les libertés politiques sont, d'ailleurs, essentiellement variables, et l'on a pu remarquer qu'on les apprécie diversement suivant le point de vue d'où on les considère. Ceux qui les veulent en un temps les nient plus tard, pour les revendiquer encore, suivant les circonstances, c'est-à-dire suivant qu'ils sont dans le pouvoir ou hors du pouvoir. Cela s'est vu fréquemment depuis soixante années. Ceux qui aspiraient à gouverner prêchaient pour les libertés ; une fois qu'ils avaient réussi à prendre la direction des affaires, leur premier soin était justement de réparer la brèche qu'ils avaient faite et de défendre qu'on essayât d'en pratiquer d'autre : ils comprimaient la liberté d'autant plus qu'ils lui avaient autrefois mieux donné licence. Comédie misérable qui semble ne jamais arriver à son dénouement, puisqu'on a vu les libéraux de 1815, devenus les conservateurs de 1830, s'égarer de nouveau, depuis 1852, dans les voies d'où ils étaient sortis prudemment après y être demeurés jusqu'à leur triomphe de dix-huit années, puis se convertir à l'autorité depuis que le sort des révolutions a remis encore le pouvoir entre leurs mains. Mais

quelle foi peut-on donc bien avoir dans la sincérité de ces singuliers apôtres qui brûlent et
adorent tour-à-tour, en raison de la place qu'ils
occupent ? Quel crédit faut-il, en définitive,
accorder à ces principes mobiles, au fond desquels
on n'aperçoit, en réalité, qu'un implacable orgueil
humilié ou une immense ambition satisfaite ?

Cependant la mode est là dans le monde de la
polémique : on veut des libertés politiques ; on
vante les libertés politiques ; on se dispute pour
les libertés politiques ; on fait des montagnes
d'articles, de brochures et de livres en faveur des
libertés politiques. Est-ce pour le peuple qu'on
travaille ? Allons donc ! il s'agit bien du peuple.
Le peuple peut mourir de faim, comme il lui est
arrivé à la suite de toutes nos discordes, c'est-à-
dire après 1830, après 1848, après 1870 : cela
importe peu. Ce qu'il faut, c'est la liberté des
clubs, la liberté de la tribune, la liberté de la
presse, trio sublime de libertés contre lequel il
n'est pas un gouvernement qui ait jamais pu pré-
valoir ; c'est, pour tout dire, la liberté de saper,
de renverser et de détruire. Le pays s'arrangera

comme il pourra ; son bien-être si péniblement acquis, sa sécurité, son commerce, son industrie, son agriculture, tout s'écroulera une fois encore, en même temps que sa prépondérance extérieure et sa gloire ; mais tout cela est de peu de prix lorsqu'on songe qu'il aura en échange... quoi ? toutes les libertés, même celle apparemment de jeter l'anathème aux auteurs funestes de cette détestable besogne.

De toutes les libertés, celle dont on recherche aujourd'hui le maintien avec le plus d'ardeur, c'est celle de la presse. Avec la presse libre, on peut tout accomplir ; or, on veut être toujours en mesure de tout tenter. Et puis, n'est-il pas bien juste que les journalistes plaident leur propre cause et cherchent à garder pour eux-mêmes des armes puissantes ? Ils savent par expérience que la presse, délivrée d'entraves, est un outil formidable auquel rien ne résiste, pas même les gouvernements le plus solidement établis ; et ils luttent, dans leurs passions diverses, afin de conserver l'élément de leur triomphe. Cela est fort légitime apparemment et ne se discute pas.

Toutefois il n'est pas absolument inutile de savoir et de connaître ce qu'on entend au vrai par cette formule : « Liberté de la presse ? »

Est-ce la liberté de tout écrire ?

Oui, dans la pensée de ceux qui la défendent.

Eh bien ! la liberté de tout écrire n'est pas plus admissible que la liberté de tout faire. On n'écrit innocemment que chez les peuples qui ne savent pas lire. Un livre a civilisé le monde ; mais les journaux, si on négligeait de les surveiller, le replongeraient bientôt dans la barbarie. On en a vu des exemples frappants après le 4 Septembre, comme après **1848**, comme après Juillet, comme après **89**.

Après le 4 Septembre, s'est produit cet ensemble de feuilles qui poussaient à la guerre à outrance, afin de mieux établir l'anarchie, et qui ont, à la suite des infortunes lamentables de la patrie, concouru à l'établissement de la Commune, à l'assassinat des otages, à l'incendie de Paris.

Après **1848**, est venu un débordement inouï de feuilles repoussantes qui s'appelaient la *Canaille*, le *Pilori*, la *Guillotine*, et d'autres journaux qui, pour ne pas porter des noms aussi abominables, n'en ont pas moins exercé une funeste influence sur les événements, et dont plusieurs ont servi à bourrer les fusils de Juin.

Après 1830, un spectacle à peu près analogue avait été donné au pays, et l'on se souvient encore des écrivains qui osaient glorifier le crime d'Alibaud et tresser des couronnes au régicide.

Après 89, les journaux de Carra, de Marat et de Gorsas s'étaient essayés à toutes les débauches révolutionnaires, et les ombres douloureuses des victimes des prisons peuvent nous dire si le fer de leurs assassins n'avait pas été aiguisé par le *Sans-Culotte* ou l'*Ami du peuple*.

Est-ce là la liberté de la presse ? non ; mais c'en est la suite presque inévitable.

L'abus ! toujours l'abus ! Et comment n'y arriverait-on pas facilement, à cet abus, si l'on ne réglementait pas la liberté d'écrire, si on ne la restreignait point, si on ne plaçait point une puissante barrière défensive entre la société menacée et ses agresseurs ? On ne sollicite encore la permanence de la liberté de la presse que pour l'exploiter à l'aise, en pleine licence, comme on s'y est appliqué après tous les coups de main victorieux. On ne veut rien éclairer, rien disputer, rien édifier : on veut détruire !

On a l'habileté de ne pas l'avouer, bien entendu ; mais pourquoi souhaiterait-on si fort la plus grande somme de liberté, sinon pour en faire usage précisément contre le pouvoir dont on la réclame ? Pourquoi l'opposition convie-t-elle toute la presse à lui venir en aide dans ses sollicitations, sinon pour tourner contre le gouvernement les armes mêmes que le gouvernement, dans une heure de confiance exagérée, lui aurait maintenues dans les mains ?

On demande la liberté de la presse, et, à cet égard, on essaie de gagner quelques hommes honnêtes, mais superficiels, à son parti, en trompant les esprits par une confusion captieuse. La liberté d'écrire n'est rien que la liberté de penser, dit-on ; et, chose remarquable, ceux mêmes à qui la nature a le plus complétement refusé cette liberté, ne sont pas les moins ardents à accuser les gouvernements d'en gêner l'exercice.

Non, les deux libertés ne se tiennent pas jusque-
là de s'associer et se confondre. La liberté de penser n'a d'autre limite que celle mise par Dieu
même à la souveraineté du libre arbitre : elle dé-
fie toutes les investigations, toutes les répressions,
tous les châtiments ; elle ne peut être atteinte
qu'autant que la pensée prend un corps par la
parole ou l'écriture, alors qu'elle change d'essence
et devient saisissable, critiquable, et au besoin
punissable. Quant à la liberté d'écrire, elle doit
nécessairement être soumise à des règles, qui
s'accommodent avec le tempérament des peuples,
avec les besoins restrictifs que les événements
leur créent.

Voilà la vérité, la vérité théorique et pratique
à la fois, dont les enseignements ne sauraient
être méconnus sans qu'il en résultât un trouble
profond dans les esprits et jusque dans les consciences.

Ils abondent aujourd'hui, les écrivains nés de
la fermentation de la société, de nos orages, de
nos douloureuses épreuves, oiseaux parleurs que la
révolution elle-même a châtiés et sifflés, et qui se

disent politiques et démocrates **au même titre que** les généraux romains ajoutaient à leur nom le nom des pays qu'ils avaient ravagés. Ce sont eux qui s'appliquent à enseigner au peuple cette erreur immense que la liberté de penser est opprimée chez lui, peuple, parce que la liberté d'écrire est réglementée pour eux, journalistes.

Ils connaissent l'extravagance de cette prétention ; mais ils l'exploitent comme une machine à remuer les passions, et si on les laissait dire et faire, assurément ils ne s'y ménageraient pas.

Loin de nous cependant la pensée de faire des exclusions outrageantes. Il serait injuste de diviser les écrivains en bavards et en muets. La contradiction est, d'ailleurs, nécessaire, dans une certaine mesure, à l'épanouissement de la vérité.

Nous voulons l'égalité, l'égalité politique, qui, raisonnablement et légalement, doit exister d'une manière uniforme pour tous. Cependant cette égalité, pour être à l'abri des atteintes terribles ou mortelles, a besoin d'être définie ; elle veut être protégée avec sollicitude contre les empiétements coupables ; elle commande surtout au pouvoir une surveillance active et permanente à l'égard des tentatives faites ou seulement projetées contre le pacte social. Et, en effet, ce n'est pas uniquement son existence propre que le gouvernement affermit en prévenant, en empêchant, en réprimant les excès de la presse ; c'est encore et surtout le maintien de l'ordre, l'obéissance aux lois, le respect de l'autorité ; c'est tout ce qui fait la vie calme et prospère des peuples, la sécurité, le bien-être moral, le progrès civilisateur, la richesse ; c'est elle-même la société.

Qu'un journal, même avec la liberté exagérée de la presse, se permette des attaques contre le gouvernement : le gouvernement le traduit devant la justice, le délit est puni, et le pouvoir est vengé. Mais les outrages dont la société est l'objet, est-ce qu'ils peuvent être effacés par une condamnation juridique, dans l'esprit abusé et prompt à se passionner des peuples ? Non : le mal demeure, il gagne de proche en proche, il se répand, il s'aggrave, il exerce dans l'ombre ses ravages, et il arrive un jour, à l'ébahissement même de ceux-là qui l'ont produit, qu'il est sans remède.

Voilà ce que l'expérience nous a appris ; voilà ce que le gouvernement sait ; voilà ce que la loi, protectrice de la société, doit être habile à prévenir.

Et c'est cette protection souveraine et efficace de la loi, c'est cette raison écrite que l'on veut écarter, en demandant le maintien de la liberté de la presse ; c'est ce frein et cette sauvegarde que l'on prétend briser !

Illusion coupable et folle espérance, contre lesquelles proteste le bon sens public, le bon sens « maître des affaires, » comme parle Bossuet, le bon sens qui veut que la presse ne soit pas plus libre que tout autre moyen de nuire, qu'elle le soit même beaucoup moins, parce que ses effets sont plus étendus, et qu'avec la liberté illimitée d'écrire, on peut, sans courage et même sans talent, troubler la société, égarer les consciences, pervertir les cœurs, et, nous ne le savons que trop, précipiter le monde dans les abîmes révolutionnaires.

La poudre ne se débite qu'à de certaines conditions déterminées par les règlements ; le poison ne se peut vendre que dans de certaines limites.

La presse, qui participe à la fois de la poudre et du poison, ne saurait, dans le pays et dans le temps où nous sommes, jouir d'une liberté sans bornes, qui en fait le plus grand de tous les dangers et pour la société et pour l'État.

II.

La Restauration, qui, pour vaincre les préven-
tions nationales et se rendre populaire, désirait
sincèrement faire l'expérience des théories con-
fiantes et généreuses, débuta par promettre la
liberté de la presse, par la donner même ; mais
elle s'épouvanta bien vite de cette concession
énorme, dont le langage violent des journaux lui
fit comprendre les dangers, et dont on usa contre
elle avec d'autant plus de désordre qu'on sortait
d'un régime sévère où la parole était pour ainsi
dire interdite à la polémique. Elle vit son impru-
dence et envisagea la nécessité de pourvoir à une

situation devenue menaçante ; ses amis l'effrayè-
rent autant, pour le moins, que ses ennemis eux-
mêmes ; et, pour mettre un terme au débordement des passions qui se heurtaient avec tapage
dans les feuilles publiques, elle institua, avec
l'assentiment des Chambres, une réglementation
nouvelle, qu'on nomma la « censure. »

La censure soumit à la révision officielle tous
les écrits « au-dessous de vingt feuilles, » desti-
nés à être publiés ; c'est-à-dire que le gouvernement, changeant tout-à-coup de système, permet-
tait ou interdisait à son gré l'expression imprimée
de la pensée ; qu'il la torturait selon son intérêt
et la décapitait suivant son bon plaisir ; qu'il
plaçait les écrivains dans un état d'asservissement
déshonorant et mentait ainsi à ses engagements les
plus sacrés.

C'était aller trop loin. Pour éviter la licence,
on élevait l'oppression à la hauteur d'un principe ;
pour combattre un péril , on engageait avec
l'opinion une lutte dans laquelle, après quinze
années d'excès et de défaillances, d'audace et de
répression maladroite, le pouvoir devait infailliblement périr.

Qu'on réglemente la presse : à toutes les époques d'ordre, cela a semblé utile ; dans toutes les périodes d'établissement ou de transition, cela a été indispensable ; mais au moins qu'on se garde de l'offenser et de l'avilir. Qu'on la suspende lorsque les circonstances politiques l'exigent impérieusement ; mais que, tout en proclamant ses droits, on ne la courbe pas sous une verge odieuse.

Il ne semblera pas hors de propos de dire qu'au nombre des censeurs se trouvaient M. Guizot, M. Sylvestre de Sacy et M. de Lourdouëx, qu'on a vus tous les trois, depuis lors, au nombre des plus rudes champions de la liberté.

Cependant la censure n'empêcha pas le pouvoir de poursuivre certains journaux devant les tribunaux, d'en suspendre ou d'en supprimer d'autres. D'un côté, les journalistes s'ingéniaient à échapper à la loi ; de l'autre, les parquets se montraient rigoureux jusqu'à la puérilité pour réprimer la moindre faute commise par les écrivains.

Cependant la législation de 1819 vint, pour un instant, tout modifier. La censure fut abolie ; il n'y eut plus de poursuites correctionnelles, plus de suspensions, plus de suppressions : on se contenta de la saisie et des procès devant le jury. C'était presque l'âge d'or pour la presse ; aussi comme elle en profita ! Elle en profita si bien qu'au bout de dix mois on en revint à l'ancien régime, c'est-à-dire à une autre censure ; néanmoins il y eut cette différence que les censeurs furent un peu plus sévères que précédemment. Tout article de journal dut être, avant l'impression, revêtu d'un *visa* ; les journalistes qui essayèrent de se soustraire à la rigueur de cette formalité, que le zèle des nouveaux fonctionnaires rendit tour-à-tour stupide ou cruelle, furent tantôt suspendus, tantôt supprimés, sans avertissements préalables.

Le premier effet de ce code, substitué brusquement à la loi de 1819, fut de faire disparaître une multitude de journaux et d'écrits périodiques. Le dommage n'était peut-être pas très-considérable en soi ; cependant l'opinion s'en alarma d'autant plus que l'insolence des feuilles jouissant, comme la *Gazette de France*, la *Quotidienne* et le *Drapeau blanc,* des faveurs du pouvoir, ne connaissait plus de bornes. C'était l'époque heureuse où l'on traitait publiquement les *libéraux* à l'égal des forçats :

> Quoi ! je te vois, ami, loin du bagne fatal !
> Es-tu donc libéré ? — Non, je suis libéral.

Cependant comme tout passe, même les mauvais expédients, la censure disparut en mai 1822. Son existence n'avait pas empêché une cinquantaine d'écrivains d'être, en moins de deux années, condamnés à l'amende et à la prison. On la remplaça par une loi qui inventait préventivement les procès de tendance et autorisait les magistrats à suspendre, puis à supprimer les journaux après les avoir condamnés. Les poursuites recommencèrent ; parce que, d'un côté, la presse, libre de l'entrave censoriale, s'abandonna à une attaque furieuse, et, de l'autre, que le gouvernement, violemment attaqué, éprouva naturellement le besoin de se défendre.

Toutefois, la guerre devenant inégale et périlleuse pour le pouvoir, M. de Villèle, qui ne voulait, lui, ni suspendre, ni supprimer les journaux, eut recours à un moyen héroïque pour se débarrasser de leur opposition importune : il les acheta ! Leurs colères tombèrent tout aussitôt ; leur indépendance ne sut pas résister à l'appât d'une fortune facile ; d'ennemis, ils devinrent amis, et le ministère crut avoir garanti l'ordre et sauvé la France. Mais il ne tarda pas à se convaincre qu'il s'était grossièrement mépris : l'argent dépensé demeura en pure perte, et d'autres journaux surgirent, qui remplacèrent ceux dont on avait réussi à se délivrer. On n'avait rien gagné — sinon beaucoup de déconsidération pour les écrivains qui s'étaient vendus, et d'affaiblissement moral pour le pouvoir qui avait payé leur silence ou leur défection. Un peu de confusion s'en suivit, et le premier ministre, décontenancé par le mauvais résultat de sa campagne, prit un parti violent : par voie d'ordonnance, il rétablit la censure. Seulement, la censure de M. de Villèle fut plus dure encore et plus scandaleuse que celle de ses prédécesseurs, et, le privilége aidant, on arriva à cette iniquité que les journaux du gouvernement partaient par la poste le jour de leur publication, tandis que c'est à grand'peine si les feuilles de l'opposition pouvaient partir le lendemain.

Enfin l'avénement de Charles X vint donner à croire à la presse que l'existence allait lui être rendue plus douce ; toutefois l'illusion ne dura guère : la censure fut supprimée, il est vrai ; mais tout aussitôt le système des procès recommença à être appliqué avec une ardeur rare. Cependant on n'arrêta pas les excès de la presse, qui se vengeait de son long silence par les emportements d'une opposition ne connaissant plus de bornes et s'attaquant à tout : au clergé, à la magistrature, aux fonctionnaires, au roi, à la société toute entière. Il y avait péril : M. de Peyronnet y prétendit parer en présentant, à la fin de 1826, une nouvelle loi sur la police de la presse, « loi de justice et d'amour, » dit le *Moniteur*, « loi vandale, » dit M. de Châteaubriand. La loi fut votée par la Chambre des députés ; mais l'explosion de colère qui suivit le scrutin engagea le ministère à la retirer de la Chambre des pairs, qui en était déjà saisie.

Il fallait cependant sauver la situation, qui devenait plus difficile de jour en jour, à cause des témérités inouïes de l'opposition : on rétablit une fois encore la censure ! on compléta le système en multipliant les poursuites.

M. de Martignac vint alors, et la liberté fut rendue à la presse ; mais bientôt **M.** de Martignac s'en alla, et le régime qu'il avait ramené fut sensiblement modifié. Les journaux avaient, d'ailleurs, bien mérité d'être punis : d'opposants ils étaient devenus factieux, engageant contre le pouvoir une guerre acharnée et terrible, qui devait aboutir infailliblement ou à la suppression de la presse ou à la chute de la royauté.

Le ministère Polignac fut installé, et le *Journal des Débats* le salua en ces termes : « Coblentz, Waterloo, 1815 ; voilà les trois principes, voilà les trois personnages du ministère ; prenez, tordez ce ministère, il ne dégoûte qu'humiliations, malheurs et dangers. » Par ce langage du plus modéré des journaux, que l'on juge de ce que disaient les plus violents des organes de la presse. Le *Courrier Français* s'écriait : « Puisqu'on est condamné à subir ce ministère, il vaut mieux que ce soit plus tôt que plus tard... au moins on va s'armer pour le foudroyer. » Elle, la *Gazette de France,* ne se sentait pas de joie ; autant on la voit aujourd'hui amante passionnée de la liberté, autant elle s'y montrait alors hostile. « Plus de concessions, disait-elle. Guerre aux factions. Répression inflexible et légale des excès et de la licence. » Un autre journal de la même nuance écrivait : « La source du mal vient d'une charte impie et athée, et de plusieurs milliers de lois rédigées par des hommes sans foi et par des révolutionnaires. La religion, la justice et Dieu même commandent d'anéantir tous ces codes infâmes, prodiges d'impiété, que l'enfer a vomis sur la France. »

Les procès redoublent et les condamnations abondent ; mais l'opposition ne se fatigue pas. L'heure du succès approche pour elle : les ordonnances fameuses vont la hâter. L'agitation est générale dans le pays ; le soulèvement est dans les villes et dans les villages, dans les provinces et à Paris, partout où les journaux pénètrent ; une révolution s'avance. M. de Polignac veut la dominer : il est vaincu par elle.

« Les agitations, dit le rapport qui précède les ordonnances, sont presque exclusivement produites et excitées par la liberté de la presse. Ce serait nier l'évidence que de ne pas voir dans les journaux le foyer d'une corruption dont les progrès sont chaque jour plus sensibles. A toutes les époques, la presse périodique n'a été, et il est dans sa nature de n'être qu'un instrument de désordre et de sédition. C'est par l'action violente et non interrompue de la presse que s'expliquent les variations trop subites, trop fréquentes de notre politique intérieure. Nulle force n'est capable de résister à un dissolvant aussi énergique que la presse. »

Évidemment ce rapport avait du vrai, du juste et du bon.

Les ordonnances furent rendues ; les journalistes s'insurgèrent ; ils appelèrent les béotiens de la rue à leur aide, et, trois jours après, malgré des concessions tardives, Charles X partait pour l'exil, accompagné jusqu'à Cherbourg par ses ennemis vainqueurs.

Voilà ce que fut la presse sous la Restauration. Tour-à-tour soumise à un régime avilissant de censure ou abandonnée à toutes les extravagances d'une opposition implacable, elle lutta sans cesse et finit par briser le pouvoir, parce que le pouvoir n'avait pas su la réglementer en équilibrant ses droits avec ses devoirs Elle comprit, dès le premier jour, qu'elle était une puissance redoutable, et elle engagea une bataille d'où elle ne devait sortir que mutilée ou triomphante. On lui avait tant dit qu'elle était la maîtresse du monde moderne, du monde civilisé, qu'elle entendait jouer son rôle jusqu'au bout, dût-elle régner sur des ruines. Elle fit des ruines, en effet ; elle détruisit un trône ; elle accomplit une révolution ; elle chassa une dynastie ; elle mit le pays dans un péril immense ; mais elle ne crut pas son œuvre achevée encore, et, sans reprendre haleine, elle poursuivit son travail étrange et formidable.

III.

Après une épreuve de quinze années, pendant
lesquelles les journalistes avaient été tour-à-tour
contenus et abandonnés à leurs propres inspira-
tions, surveillés avec une sévérité qui touchait de
près à la persécution et dotés de franchises dont
ils firent un douloureux abus, la Restauration,
comprenant la nécessité de se défendre contre cet
ennemi qui débordait son pouvoir, avait pris la
résolution de supprimer la liberté de la presse ;
mais M. de Polignac, impopulaire et inhabile à la
fois, ne put résister à l'effort révolutionnaire que
les ordonnances venaient de déterminer ; et, dans

sa chute, il entraîna la monarchie elle-même, dont il avait prétendu garantir la sécurité et l'existence.

Faite par les journaux, la Révolution de Juillet devait tourner au profit des journaux. La presse fut solennellement déclarée libre, et la charte nouvelle enregistra cette liberté comme le premier des droits conquis, à titre définitif, par le peuple victorieux. La censure fut abolie et la juridiction correctionnelle supprimée en matière de délits de presse. Forts de ces garanties, les écrivains de toutes les opinions se mirent à l'œuvre ; un grand nombre de journaux furent créés, et, tandis que le nouveau pouvoir eut de zélés défenseurs, il rencontra aussi des adversaires ardents et infatigables, qui usèrent de la liberté pour engager contre la Couronne des barricades une guerre violente, terrible, implacable. Les républicains, trompés par l'escamotage du général Lafayette, se vengèrent en poursuivant la Royauté transactionnelle de railleries cruelles, d'amers sarcasmes et de menaces incessantes, en faisant de quotidiens appels à l'insurrection et en présen-

tant l'assasinat presque comme un devoir sacré.
Les légitimistes, vivement affectés de leur défaite
et pleins d'illusion sur les chances d'un retour
vers le passé regretté, s'armèrent du droit reconnu
à tous les citoyens par la charte, pour faire à
l'établissement usurpateur une opposition ardente
autant qu'indignée, dont il était aisé de contredire
le sens et le but, mais qu'on pouvait bien, après
tout, ne considérer que comme un acte de justes
représailles.

Qu'avaient à redouter, d'ailleurs, les écrivains
de l'un et de l'autre parti ?

La presse avait été émancipée, affranchie, délivrée, par une révolution faite en son nom ; la
charte, qui devait être une « vérité, » enregistrait
à son frontispice toutes les libertés, et le duc
d'Orléans, en montant sur le trône, s'était écrié :
« Des procès de presse, il n'y en aura plus ! »

Vains engagements, vaine sécurité, vains droits,
vaines paroles !

La liberté cachait un piége, la charte était
pleine de réticences, et les promesses du duc

d'Orléans ne devaient pas être rigoureusement observées ou tenues par le roi Louis-Philippe.

Quelques mois s'étaient passés à peine que les saisies de journaux recommencèrent et que les écrivains allèrent peupler les prisons. Le pouvoir, qui voulait vivre, avait compris que la licence le tuait, et, ne se souvenant plus de son origine, il essayait de modérer déjà les effets excessifs de la liberté.

Avait-il tout-à-fait tort ?

Chez l'écrivain qui trace ces lignes, la voix du sang dit : oui ; la froide raison dit : non.

L'opposition avait pris une attitude intolérable ; elle était ouvertement séditieuse ; elle maintenait les esprits dans un état d'agitation permanente ; elle ruinait le pays ; elle empêchait le rétablissement de l'ordre ; elle amoindrissait la France devant l'Europe ; elle évoquait le spectre redoutable de la guerre civile ; elle nous faisait côtoyer toutes les extrémités lamentables et nous livrait presque en jouet à toutes les catastrophes. Ses écarts devaient être réprimés sans doute ; mais le pouvoir, infidèle à lui-même, la poursuivit avec

une sévérité brutale qui demeura toujours sans ex-
cuse, et dont auraient bien dû se souvenir plus tard
ceux qui critiquaient le régime établi pour la
presse, par l'Empire, et feignaient de le trouver
oppresseur.

En effet, on inventa l'arrestation préventive et
l'on jeta en prison des hommes dont les écrits,
poursuivis d'ailleurs, n'avaient pas encore été
déférés au jury ; on organisa un vaste système de
procès qui tuèrent les journaux, condamnèrent
leurs gérants à une dure captivité et ruinèrent
leurs propriétaires ; on plaça les scellés sur les
presses de leurs imprimeurs, et quelquefois on
alla même jusqu'à souffrir que l'émeute mît leurs
bureaux en état de siége, portant avec elle, hélas !
la dévastation et la mort.

Les journalistes, dira-t-on, étaient coupables !
Cela est vrai : ils avaient cru à la charte, à la
parole du souverain et à la liberté.

Ils avaient abusé d'un droit et méconnu la loi !
Peut-être. Mais la responsabilité n'en remontait-
elle pas jusqu'à ceux qui, pour conquérir ou pro-
clamer ce droit et pour rédiger cette loi, avaient

eu recours à un soulèvement populaire et fait une révolution ? Le droit, d'ailleurs, on avait omis de dire où il s'arrêtait ; et la loi était si imparfaite-ment définie, elle était d'une application si élas-tique et si variable, qu'on a vu tour-à-tour pro-noncer en son nom des condamnations rigoureuses outre mesure et des acquittements tout-à-fait scandaleux.

En tout cas, la liberté de la presse fut si peu une réalité, que l'on peut citer un seul journal poursuivi, en moins de quatre années, cent deux fois, condamné à 17 ans de prison et 120,000 fr. d'amende, et frappé en la personne de ses rédac-teurs, de plusieurs gérants et de son imprimeur.

Ces exemples, et nous pourrions en citer deux cents autres qui, pour n'avoir pas tout-à-fait ces proportions, n'en sont pas moins caractéristiques, n'arrêtaient pas la violence des écrivains de l'op-position ; si bien qu'à la tribune plusieurs députés se plaignirent de « la licence effrénée de la presse et de la conduite détestable des journalistes. » Le général Bugeaud, l'un de ces députés, déclara « qu'il aimait mieux avoir des entrailles, de l'hu-

manité pour 32 millions de Français que pour
des journaux incendiaires. Ces journaux, s'écriait-
il, ont juré d'empêcher le pays de jouir du repos,
et l'on veut que j'aie de l'humanité pour eux!
Non ; s'il était possible de tuer le journal incen-
diaire, je le tuerais du premier coup. »

Emu de ces vives réclamations, excité par l'at-
tentat de Fieschi, le gouvernement crut qu'il avait
l'impérieux devoir de rogner franchement les ailes
à la liberté. C'était à la fois meilleur et plus sincère, et ce n'est pas nous qui lui en ferons un
crime. Il rédigea les lois de septembre, qui régle-
mentaient avec une grande sévérité la presse ;
seulement, il omit de corriger la charte. Il recon-
naissait implicitement que la Révolution de Juillet était injuste dans ses conséquences ; mais il se
gardait bien d'en atténuer l'effet politique au point
de vue du changement de dynastie. Contradictions
dont on peut l'accuser et que l'histoire mettra
certainement à sa charge.

On calcule que, sous le régime de la liberté qui
a duré du mois de juillet 1830 au mois de septembre 1835, il y a eu soixante saisies de jour-

naux, trois cent quatre-vingts condamnations et deux mille sept cents mois de prison. Était-ce donc pour un tel résultat qu'on s'était battu et qu'on avait renversé un trône ? Non, évidemment. Cependant hâtons-nous de dire que, presque toujours, les feuilles saisies ou frappées de condamnations avaient mérité leur sort, en se livrant à une polémique qui exigeait une sérieuse répression.

Après la promulgation des lois de septembre, qui édictaient des peines terribles, la presse se montra plus réservée et le nombre des procès diminua; mais la pensée hostile demeura, et l'œuvre désorganisatrice des journaux, pour prendre des voies détournées, ne s'approcha que plus sûrement du but poursuivi et dès longtemps entrevu. La liberté n'était pas entière ; mais ses tronçons contenaient encore en germe une autre révolution. On n'attaqua plus en face le gouvernement, armé pour se défendre : on se contenta de lui susciter partout des embarras ; les oppositions, autrefois séparées, se coalisèrent ; un plan de campagne, discuté en commun, plaça dans les mêmes rangs des combattants faits pour s'entre-tuer ; on tirailla en attendant le jour de l'effort suprême, et, quand ce jour se leva, c'est encore en inscrivant la liberté de la presse sur le drapeau de l'insurrection qu'on brisa le pouvoir issu des pavés de Juillet et qu'on proclama la République.

Pour la presse on avait attenté à la monarchie traditionnelle ; pour elle n'était-il pas bien juste d'assassiner aussi la monarchie d'expédients ?

IV.

La presse avait pris une trop grande part à la
destruction de la Royauté contractuelle de Juillet
pour qu'elle ne triomphât pas de sa chute, et pour
que, le jour même de la victoire, elle ne se crût
pas tout permis.

La République était proclamée ; avec elle le
régime de la pleine liberté devait naturellement
s'inaugurer. Tout ce qui avait précédé, depuis l'é-
poque heureuse où la guillotine de la Convention
pratiquait avec tant de sollicitude le système de l'égalité, c'était le despotisme. La France ne se sentait
affranchie et véritablement libre que du jour où,

délivrée de l'oppression aristocratique ou bourgeoise, elle pouvait vivre et respirer à l'abri du patriotisme de M. Flocon, des grandes théories sociales de M. Louis Blanc et des écrits égalitaires de M. Ledru-Rollin.

Le régime nouveau ne fut pas discuté. On le subit en silence ou on l'acclama par peur. Pas une voix ne s'éleva contre lui en une protestation courageuse, pas un effort ne fut tenté pour lui faire obstacle. Les orléanistes étaient, après leur déroute inouïe, tombés dans une sorte d'affaissement moral qu'ils dissimulaient à peine ; les légitimistes se réjouissaient d'une catastrophe qui satisfaisait leurs justes rancunes et semblait réveiller leurs espérances ; les républicains de la veille, dont le groupe se grossit rapidement d'une nuée de républicains du lendemain, chantèrent victoire; de telle sorte que jamais gouvernement ne trouva un terrain plus favorable pour s'établir. Seulement, le difficile, pour un pouvoir nouveau, n'est pas de s'installer : c'est de vivre. Voilà à quoi ne pensèrent que trop tardivement les hommes de l'Hôtel-de-Ville, débordés dès la première heure

par les passions qu'ils avaient mises en mouve-
ment et qu'ils étaient incapables de diriger.
D'ailleurs, la presse, rendue à toute sa liberté,
devint bientôt un instrument redoutable de destruction, avec lequel le gouvernement provisoire
dut compter, en même temps que la société elle-
même. Tout ce que la licence peut produire, tout
ce que l'exagération la plus extravagante peut
inventer, se trouva chaque matin développé dans
les termes les plus menaçants par plusieurs cen-
taines de journaux éclos aux rayons de l'anarchie.
Les lois étaient supprimées ; la règle n'existait
plus. Sans souci du timbre, du cautionnement,
de l'autorisation préalable, on crée un journal pour
hâter la marche de la révolution, qui n'est pas
assez radicale, au gré de quelques-uns ; on lui
donne un titre irritant, quelquefois infâme ; on
l'écrit avec de la poudre ; on l'imprime avec du
vitriol, et l'on arrive à déterminer une de ces
manifestations atroces et bouffonnes à la fois,
comme celle du 15 mai, sous l'effort desquelles un
grand peuple s'avilit et meurt lorsqu'il n'en
triomphe pas.

C'était, en effet, la presse qui, plus encore que les clubs, avait poussé les ateliers nationaux contre l'Assemblée ; quelques semaines plus tard, ce fut elle qui, plus que les réunions tumultueuses du communisme, éleva les barricades de Juin et fit luire ces sanglantes journées dont l'enseignement terrible a depuis été tant méconnu et si imprudemment oublié.

Oui, la liberté de la presse, lorsque rien ne la contient et ne la modère, produit infailliblement de ces catastrophes effroyables. Faut-il donc s'en étonner, lorsqu'on l'a vu, même réglementée et soumise au frein, allumer les torches qui consumèrent successivement le trône de la Restauration et le pouvoir de Juillet ?

« J'ai abandonné la démocratie en haine de la démagogie, » disait Michel de Bourges, alors qu'il s'était laissé gagner par les caresses de M. de Montalivet. « J'étouffe la liberté en haine de la licence, » s'écria le général Cavaignac, créé dictateur par la Constituante, alors que la Constituante sentit le besoin d'avoir auprès d'elle un sabre pour la protéger et la défendre. Et, en effet, le nouveau chef du pouvoir exécutif suspendit le droit de réunion, qui avait servi de prétexte à la Révolution de Février, et supprima le droit d'écrire, pour lequel le peuple s'était armé ou plutôt avait été armé tant de fois. Assurément, il fit bien, et ce n'est pas nous qui l'en blâmerons. Mais pourquoi ceux qui poussèrent le plus vivement le général Cavaignac aux mesures rigoureuses, ont-ils oublié depuis leurs incitations d'alors ? Pourquoi se sont-ils remis à poursuivre, avec insistance et presque impérieusement, la revendication des libertés qu'ils avaient considérées comme incompatibles avec la pacification des esprits, le maintien de l'ordre, l'exercice régulier de l'autorité ?

Cependant on ne se contenta pas de supprimer une douzaine de journaux ; on emprisonna des journalistes — pour mieux s'assurer de leur silence. C'était grave. On s'en émut, et une consultation de jurisconsultes prétendit que, « depuis trente ans, la presse n'avait pas été aussi maltraitée. » A cela le général Cavaignac répondit par cet axiome à la fois dangereux et salutaire : « Dans les moments de crise touchant à l'ordre social, on doit tout oser. »

Ce régime du pouvoir discrétionnaire dura jusqu'au moment où la nouvelle Constitution (4 novembre 1848) vint dire à peu près ce que disait la Charte de 1830, à savoir que chacun serait libre de manifester sa pensée par la voie des journaux, mais que les délits ou les crimes de la presse seraient justiciables du jury. La République constatait donc elle-même, alors que les « moments de crise » étaient passés, que la liberté absolue d'écrire n'est pas admissible ; qu'il est nécessaire de lui tracer des bornes ; et que, si ces bornes sont méconnues ou franchies, l'arsenal des lois doit fournir des armes de répression et de châtiment. On avait vu flotter le drapeau rouge sur les barricades ; on avait lu dans certains journaux la glorification de l'assassinat ; on avait assisté au scandale d'une presse affolée ou criminelle, préparant avec une rare audace l'avénement de l'anarchie, poussant à la révolte, applaudissant à tous les excès, élevant la guerre contre l'organisme social à la hauteur d'un principe. Devant ce spectacle, on s'était convaincu que la liberté absolue de la presse était une menace terrible et présentait un immense danger ; et, dans la Constitution nouvelle, on s'empressait d'introduire un article dont la pensée rétroactive innocentait les gouvernements précédents des « attentats liberticides » dont deux révolutions les avaient si cruellement et, on peut le dire, si injustement punis.

Aux termes de la loi nouvelle, un grand nombre de journaux furent traduits devant le jury, à raison d'articles factieux ; ils furent presque tous déclarés coupables et condamnés. La plupart de ces journaux appartenaient à la nuance la plus accentuée de la démocratie. C'étaient des républicains que la République ne satisfaisait pas ; elle avait dédaigné leurs services : c'était une faute ; elle voulait affermir l'ordre et s'écartait avec soin des voies du mal : c'était un crime. Pour châtier le pouvoir et ramener la France au point fatal où Février l'avait placée et d'où le vote de Décembre l'avait éloignée, il fallait allumer de nouveau les colères du peuple. C'est à cette tâche que s'appliquaient les feuilles du Socialisme. Or, le pays, violemment attaqué, avait le droit de se défendre, et, pour le protéger contre une hostilité incessante et insensée, les tribunaux sévissaient. Ceux-là seuls qui voulaient le retour au désordre et qui prêchaient les doctrines du droit au travail, du partage des biens et de la licence sans limites, furent frappés ; mais il est clair que la liberté de la presse avait vécu : à peine ressuscitée, on avait compris la nécessité impérieuse de la bâillonner pour l'empêcher de nuire.

Cependant, en dépit de la surveillance des parquets et de la juste sévérité des jurys, les journaux persévéraient dans leur attitude militante et passionnée, et quiconque se souvient rend la presse responsable de cette tentative audacieuse des Arts-et-Métiers, qui fut une misérable émeute, mais qui pouvait devenir une révolution funeste.

A la suite de la défaite nouvelle du Socialisme anarchique, plusieurs journaux furent supprimés, leurs imprimeries occupées militairement, et leurs presses brisées par l'indignation irritée des gardes nationaux, — de ceux peut-être qui naguère criaient : Vive la réforme ! et se plai-

gnaient amèrement des entraves mises à la liberté
d'écrire.

A quelque temps de là, on discuta, à l'Assemblée nationale, la loi organique sur la presse.
Cette loi, qui s'inspirait à la fois des législations
de 1819, 1822, 1828 et 1835, rétablit le timbre,
supprimé en février ; elle augmenta le chiffre des
cautionnements et introduisit dans la pratique un
principe nouveau, celui de la signature, principe
qui   diminuait l'importance de l'être collectif
appelé journal, sans accroître beaucoup l'autorité
de l'invidualité appelée journaliste, mais qui avait
une application morale d'un ordre trop élevé pour
que tous les bons esprits ne s'y soient pas ralliés
avec empressement. L'entraînement exagéré du
journal trouvait son contre-poids dans la responsabilité personnelle de l'écrivain, plus directement
engagée ; et, de cet équilibre, il résultait plus de
modération dans la discussion, plus de réserve
dans l'attaque, plus de dignité dans la polémique.
On a beaucoup critiqué, en un certain monde, la
loi sur la signature ; on l'a raillée même ; mais

on n'est pas parvenu à tromper l'esprit public sur sa valeur véritable.

La loi organique sur la presse se complétait par quelques articles qui restreignaient l'exercice de la liberté, en ce sens qu'ils rendaient la pénalité plus sévère.

Démonstration nouvelle et victorieuse que tout gouvernement qui veut vivre comprend la nécessité de se défendre, même à titre préventif, contre cet invariable ennemi, acharné contre lui, qui s'appelle le journalisme.

Lors du coup d'État du Deux Décembre, le premier soin du pouvoir présidentiel fut de suspendre ou de supprimer un certain nombre de journaux. S'il eût hésité à le faire, la France, livrée aux compétitions ardentes des partis en éveil, se fût peut-être abîmée dans les douleurs d'un autre cataclysme, et, au lieu de l'aurore de l'Empire, l'initiative courageuse de Louis-Napoléon n'eût fait naître que le crépuscule de l'anarchie.

Après le coup d'Etat qui vint, en décembre 1851, arracher la France aux menaces terribles qui planaient sur elle, la presse dut être temporairement soumise à une active surveillance. Le salut du pays commandait des mesures énergiques : le gouvernemeut eût manqué à son premier, à son plus impérieux devoir en négligeant de les prendre résolûment. Lorsqu'on assume une responsabilité à la fois généreuse et pesante, il faut savoir et pouvoir conserver son entière liberté d'action et ne reculer jamais, pour le bien de tous, devant le régime que quelques-uns appellent du nom d'arbitraire. Des précédents existaient, d'ailleurs, qui autorisaient pleinement le prince Louis-Napoléon à suspendre pour un temps les franchises exagérées de la presse : la Restauration, le gouvernement de Juillet et elle-même la République de Février avaient établi une sorte de tradition en vertu de laquelle le pouvoir, aux heures de crise, de transition ou de lutte, étend son autorité pour ainsi dire discrétionnaire, jusqu'au moment où l'état des esprits et l'apaisement des passions permettent un relâchement de ce frein tant détesté des partis, mais que tous les hommes de bon sens et de sincérité considèrent justement comme une sauvegarde sociale. Quelques imprimeries furent fermées, quelques écrivains furent éloignés du territoire, quelques journaux furent supprimés. C'étaient là des mesures sévères sans doute ; mais le moment était trop décisif pour que, sous un faux prétexte de respect pour la propriété, la liberté individuelle et l'indépendance de la pensée, on hésitât à entrer hardiment dans ce système de vigueur auquel le pays a applaudi et que l'histoire a déjà absous. D'ailleurs,

le régime rigoureux dont les événements avaient
prescrit l'adoption temporaire, dura peu: les écrivains purent bientôt revenir de l'exil, les imprimeries recouvrèrent leur activité, et, après quinze
jours de silence, les feuilles suspendues reprirent
la parole ; toutefois, il ne fut pas permis aux
journaux de renouveler le scandale des polémi-
ques dont ils avaient donné naguère le triste
exemple ; on leur interdit scrupuleusement la
lutte engagée contre l'autorité, au nom d'un parti
ennemi ; on les empêcha de calomnier le pouvoir,
de fanatiser les esprits faciles à séduire, d'entra-
ver l'épanouissement du bien et de forger les
armes de quelque réaction folle ou de quelque
révolte criminelle. Était-ce donc un si grand mal ?

Cependant cet état transitoire, dont le pouvoir
lui-même avait hâte de s'affranchir, prit fin, et, le
17 février 1852, un décret organique vint préciser
nettement la situation légale de la presse. Le
gouvernement régularisa la position des journaux ;
mais, instruit par l'expérience du passé, il ne se
désarma pas vis-à-vis d'eux. Il savait que les écrivains allaient user de leur importance recouvrée

pour engager la bataille contre ses actes et contre lui-même : il voulut du moins se réserver le droit de se défendre et d'empêcher qu'on entamât de nouveau la société qu'il venait de sauver. Pour que la licence ne se produisît pas, il mesura la liberté ; pour que le désordre ne surgît pas un jour du sein de la règle, il traça des limites étroites à la presse, sauf à tolérer parfois qu'elle en sortît et courût certaines aventures ; pour n'être pas débordé, il créa une loi répressive, à la fois patiente et sévère, dont il usa avec une modération extrême, mais qui a empêché tant de mal intérieur et pesé d'un poids si léger sur la presse, qu'elle a inauguré comme l'âge heureux des journalistes, sinon du journalisme. Le décret de 1852 a provo-qué beaucoup de critiques amères de la part de ceux qui s'y croyaient froissés dans leur amour-propre, déçus dans leur ambition personnelle, ou atteints dans leurs passions politiques ; mais il a rendu des services considérables qu'aucun homme sincère n'a pu méconnaître. C'est à lui qu'on a dû l'apaisement qui, s'étant fait dans les esprits, a rendu les premières années de l'Empire si par-

faitement calmes et tout le règne de l'Empereur
si prodigieusement prospère. C'est grâces à lui, à
ses prescriptions, à la crainte salutaire qu'il inspirait, que la France a pu faire les guerres de Crimée,
d'Italie et de Chine sans secousses, avec un mer-
veilleux succès et sans que ses plans de campagne
furent dévoilés à l'ennemi, comme l'avaient été,
en 1829, ceux de l'expédition d'Alger, — sans que
l'esprit de discipline fût altéré ou détruit dans
l'armée, comme il devait l'être, hélas, en 1870,
sous l'influence de la liberté de la presse, inconsi-
dérément restaurée par une confiance imprudente.
C'est à lui aussi qu'il faut faire remonter, au
moins en partie, l'honneur de la sécurité dont a
joui le pays : il a écarté bien des troubles et
secondé bien des développements féconds. Par lui
on a eu les moyens d'améliorer et d'instruire ;
par lui aussi on a évité pendant longtemps les
entraînements douloureux qui devaient nous ramener encore une fois aux catastrophes. On a pu
le railler alors qu'on profitait de sa puissante et
favorable influence ; il n'en est pas moins vrai que
la patrie lui a dû beaucoup, et que la raison pu-

blique s'accordait pour le préférer aux lois avilis-
santes de la censure qui furent en vigueur sous
la Restauration, à la licence si mal contenue par
l'amende et la prison qui marqua le régime de
Juillet, à l'incroyable arbitraire auquel eurent
recours les républicains de 1848.

En ce moment même, devant ce qui se passe,
après les malheurs qu'on a éprouvés, dans l'anxiété des maux que l'on redoute encore, on rend
hommage à ce système intelligent autant qu'efficace, et ceux-là qui n'osent pas encore y revenir,
regrettent de ne pouvoir y avoir recours.

Pendant les douze ou quinze premières années
de l'Empire, un certain nombre de journaux ont
été avertis, peine bien douce si on la compare aux
châtiments de la législation ancienne ; quelques-
uns ont été temporairement suspendus — peine
préférable aux arrêts de cour d'assises qui ruinaient
le journal et consignaient le journaliste à la geôle;
quelques-uns enfin ont été supprimés — peine
grave sans doute, mais qui n'a rien de bien terrible en elle-même, et à laquelle des raisons décisives
seules ont déterminé le gouvernement à re-

courir. On s'est beaucoup récrié contre ce dernier moyen de répression ; y était-on bien autorisé ? D'abord, il n'a été employé que dans des circonstances exceptionnelles et pour des faits considérables ; ensuite, on n'en a usé qu'avec une réserve prudente ; enfin, on avait pour soi les précédents de M. Villèle, que les légitimistes ne pouvaient critiquer ; ceux de M. Thiers, qui ne laissaient aucune prise aux doléances des orléanistes ; de plus, ceux du général Cavaignac, contre lesquels les républicains ne devaient pas s'insurger.

Mais combien de suppressions ont donc été prononcées en conformité du décret organique ?

Une en 1852 ;

Une en 1854 ;

Une en 1857 ;

Deux en 1858 ;

Deux en 1860 ;

Une en 1866 ;

En tout huit suppressions ; encore faut-il remarquer que deux des journaux supprimés ont reçu presqu'immédiatement l'autorisation de reparaître sous de nouveaux titres. En vérité, on ne peut

nier que le gouvernement impérial a employé avec
une singulière modération le pouvoir discrétionnaire qu'il avait entre les mains ; et cependant la
presse lui a donné assez fréquemment l'occasion
d'être vigoureux. Il a dédaigné bien des attaques,
bien des injustices, bien des outrages. Il n'a frappé
que quand l'intérêt public le lui commandait impérieusement, c'est-à-dire dans les occasions so-
lennelles où certains journaux, oubliant tous les
devoirs du patriotisme et de l'honneur national,
le contraignaient à se souvenir du devoir qu'il
avait de sauvegarder la paix intérieure, de venger
des agressions coupables et de châtier des compli-
cités criminelles.

Malheureusement, le pouvoir impérial, s'aban-
donnant avant l'heure propice aux concessions que
lui demandaient ses adversaires, abrogea de lui-
même un système qui l'avait si bien servi et dont
le pays avait tant ressenti les bons effets. Sous
l'influence d'une erreur généreuse, il voulut en
revenir aux pratiques de la liberté de la presse qui
avaient été si funestes aux précédents gouvernements, et il rédigea, en 1867, une loi que le Corps

législatif eut la faiblesse de voter, en 1868, tout en la trouvant vicieuse. Cette loi rendait la parole aux journaux, en abrogeant l'autorisation préalable et en désarmant l'autorité contre l'action des passions coupables. Ce fut une grande faute, une faute irrémédiable, dont tous les hommes doués de quelque prévision envisagèrent dès le début les conséquences, et qui favorisa si douloureusement les desseins des méchants, qu'elle en devint pour ainsi dire la complice.

Plus un ressort a été comprimé, plus, lorsqu'on le lâche, il se détend avec violence. Ainsi fit la presse libre : elle se livra à tous les débordements et prépara sans entraves les désordres qui eussent triomphé de l'Empire dans la paix, quand même ils ne fussent pas parvenus à le détruire par la guerre.

L'opposition était habile à trouver contre le pouvoir des arguments. Le pouvoir lui-même se chargeait de lui fournir par la presse un instrument, et un excitant par le droit de réunion. C'était plus, bien plus qu'il ne lui fallait pour avoir raison du gouvernement, qui, après avoir été fort, se désarmait jusque, pour ainsi dire, à devenir un jouet entre les mains de ses ennemis. Aveuglement terrible, qui est devenu un enseignement et un exemple, dont l'autorité doit être recueillie avec soin, et auxquels tous les bons citoyens ont l'obligation de s'éclairer et de s'instruire.

VI.

Après que le grand crime du 4 Septembre se
fut accompli, la presse se livra naturellement à
toutes ses fureurs, et l'on sait ce qui en résulta.
On vit naître en foule des journaux abominables;
et aujourd'hui, rien qu'en les feuilletant, on demeure convaincu qu'il n'est pas de gouvernement
et pas de société qui puisse résister à un pareil
instrument de destruction. Les pires coquins firent
irruption dans la polémique quotidienne, tandis
que les gens qui avaient pris de leur propre autorité la direction du pays essayaient d'exploiter
l'odieuse victoire remportée, en face de l'ennemi

envahisseur, contre le pouvoir issu légitimement de la souveraineté nationale. Semant des paroles de haine, de colère et de vengeance, qui trouvèrent un écho facile, ils parvinrent sans peine à exciter toutes les passions basses et cruelles, et la France assista au plus douloureux spectacle qu'elle eût encore subi. Les feuilles anti-sociales se multiplièrent de toutes parts, et c'est à leur sinistre influence, secondée par les lâchetés complaisantes des maîtres d'alors, qu'on dut, presque autant qu'à l'imprévoyance et à l'ineptie du gouvernement nouveau, les épouvantables désastres qui vinrent humilier et dévaster la France. En province, elles soulevèrent les villes au profit de l'anarchie locale, quand il eût fallu grouper tous les efforts en faveur d'une défense généreuse et résolue. A Paris, elles poussèrent incessamment aux manifestations tumultueuses, aux révoltes violentes, et elles entravèrent les opérations militaires au point que les généraux, pour contenir les bandes anarchiques, furent contraints souvent de négliger les devoirs sacrés du combat contre l'irruption germaine.

Ce sont elles qui plongèrent Lyon, Marseille,

Saint-Etienne et le Midi presque tout entier dans des désordres effroyables qui survécurent même à la guerre. Ce sont elles qui firent le 31 octobre, où Félix Pyat devint pour un instant dictateur, et qui ne cessèrent de collaborer à l'œuvre entreprise par l'Allemagne contre la capitale de la France.

Oui, dans ces jours néfastes, la presse fut véritablement infâme ; et, après ce qu'on l'a vu faire, on a lieu d'admirer pour ainsi dire que le pays existe encore. Exemple de vitalité prodigieuse, qui donnerait des espérances, si une volonté ferme se levait pour comprimer cette force destructive à laquelle, à la fin, rien ne résiste et aux coups multipliés de laquelle tout succombe.

Une fois la paix conclue avec l'ennemi extérieur, l'ennemi intérieur ne signa pas même de trêve, et le journalisme, tout le monde le sait, n'a pas cessé un instant de maintenir l'agitation dans les esprits, de pervertir les populations et d'agir avec un ensemble formidable contre l'apaisement des cœurs et la sécurité des consciences. Du reste, le libéralisme des gouvernants est un mot. N'a-t-on pas vu M. Gambetta, à Bordeaux, supprimer d'un trait de plume tous les journaux qui n'admiraient pas son sinistre pouvoir, et décréter l'emprisonnement de tous les journalistes qui avaient l'imprudente audace de ne pas admettre sa criminelle dictature ?

Plus tard, ce fut la presse qui donna naissance à la Commune, montrant ainsi tout ce qu'elle peut pour le mal. Et, bien entendu, sous cet horrible régime, elle ne fut pas uniformément libre. Tandis que les honnêtes journaux étaient condamnés à la fuite ou au silence, les autres se livraient à l'envi aux plus odieuses débauches, et l'on sait que si Rochefort a été condamné à la déportation par un conseil de guerre, c'est pour la part que sa plume a prise au massacre des otages.

Depuis l'anarchie vaincue, la presse, dépourvue de règle et de frein, a recommencé son œuvre, et l'on peut aisément pressentir, si l'on n'y met ordre par des lois sévères, implacables même, qu'elle finira par dominer la situation toute entière. Comme on le constate à chaque élection nouvelle, le mal qu'elle sème partout, se révèle et grandit incessamment partout. Après avoir bouleversé les villes, il s'exerce sur les campagnes ; il pénètre de toutes parts ; il se multiplie sans relâche ; il corrompt tout ce qu'il touche ; bientôt il sera devenu invincible.

On en est effrayé sans doute ; mais jusqu'à présent on n'a pas sérieusement tenté d'y apporter un énergique remède. Témoignage lamentable d'un désarroi étrange, précurseur peut-être infaillible d'un prochain naufrage.

Du temps où M. Thiers régnait, on essaya timidement et partiellement d'enrayer l'action funeste de la presse ; mais l'administration était livrée aux révolutionnaires, ainsi que les parquets ; et ceux qui poursuivirent les journaux trop entreprenants, s'y appliquèrent imparfaitement, ayant été autrefois leurs inspirateurs ou leurs complices ; ils montrèrent pour les journalistes radicaux une partialité toute naturelle, parce qu'ils avaient été leurs collaborateurs et leurs amis. Des liens intimes les rattachaient à ceux qu'ils avaient la mission de surveiller ou la tâche de faire punir, et le pays, désarmé contre ceux qui le ravageaient, assistait, désolé, à des scandales irrémédiables. D'ailleurs, le chef du gouvernement lui-même s'était trop compromis en plaidant, sous l'Empire, en faveur de la liberté de la presse, oubliant qu'il avait été, en 1835, son persécuteur et son bourreau, pour que l'opposition radicale ne se jouât pas des obstacles qu'on faisait semblant d'apporter de temps en temps à sa propagande écrite et imprimée. Tant il est malaisé à un chef d'Etat, même lorsqu'il sent le besoin de se défen-- dre, de faire de l'ordre, quand il a été, à une époque antérieure, un agent actif de désordre.

Cependant, après le 24 Mai, on crut à l'application d'un système énergique, conforme aux saines pratiques d'un gouvernement prévoyant et sage. On espéra que la liberté de la presse allait être contenue et sévèrement réglée. On attendit chaque jour la présentation d'une loi sévère qui pût, suivant une expression célèbre, « rassurer les bons et faire trembler les méchants. » Mais rien ne se produisit, hélas ! la presse demeura abandonnée à elle-même et la société resta abandonnée à la presse. Spectacle étrange d'un changement accompli à l'applaudissement des honnêtes gens, et demeuré absolument stérile, parce qu'on n'osa point agir contre les malfaiteurs. Si bien que, les choses allant de mal en pis, on comprit qu'il fallait enfin y remédier par un moyen héroïque. On sortit du provisoire à courte échéance pour entrer dans le provisoire à longue durée, et l'on prorogea, le 19 novembre, les pouvoirs du maréchal de Mac-Mahon pour sept années. Grande et solennelle victoire remportée sur l'esprit révolutionnaire, mais dont nous voudrions bien que l'on s'appliquât un peu à recueillir, sinon tous les fruits, au moins quelques-uns des fruits principaux et essentiels. On en parle beaucoup, il est vrai, et l'on fait à cet égard des promesses ; mais il faudrait quelque chose de plus, et il serait nécessaire d'appuyer les engagements par des actes. Au nombre de ces actes figure naturellement, au gré des hommes de sagesse et de prudence, une réglementation nouvelle et vigoureuse de la presse, qui puisse protéger la société contre des excès redoutables, et permettre aux esprits de recouvrer la sécurité qu'ils souhaitent et qui est si indispensable au relèvement de la patrie. Il paraît qu'on s'en occupe ; mais on ne s'entend pas, dit=on, sur les bases principales de la loi à intervenir. Les uns veulent carrément adopter les dispositions du décret de 1852 ; les autres hésitent à y souscrire, tout en les reconnaissant de toute excellence, parce qu'ils ont eu le tort autrefois de les méconnaître et de les combattre. Et, pendant qu'on dispute là-dessus, le dommage s'accroît, la brèche s'élargit et la révolution marche ! Discussion puérile et dangereuse à la fois, à laquelle tout indique qu'il faut promptement apporter un terme. De deux choses l'une : ou le système de 1852 était bon ou il était mauvais. S'il était mauvais, qu'on ne le fasse pas revivre ; s'il était bon, qu'on le restaure. Or, l'expérience affirme qu'il était bon, et qu'en dehors de lui il n'y a rien qu'on puisse tenter utilement, ni ce qui se pratiqua sous le gouvernement de la Restauration, ni ce qui fut en honneur sous la Royauté de Juillet. Il n'y a pas, dans les circonstances présentes, à s'arrêter à des considérations d'ordre personnel, et ce sera d'un bon exemple de voir M. le duc de Broglie confesser lui-même son erreur ancienne, en

rendant hommage à des vérités qu'il avait ,
pour des intérêts mal envisagés ou trop égoïstes,
autrefois niées ou méconnues. L'amour-propre du
premier ministre, au point de vue purement hu-
main, en pourra souffrir ; mais son honneur, au
point de vue politique, ne pourra qu'y gagner.
Seulement, qu'il se hâte : la situation est très-
grave, le besoin est impérieux, et le pays, inquiet
jusqu'à l'anxiété, n'a pas le temps d'attendre.

VII.

La base principale de toute loi sage sur la presse est l'autorisation préalable. Il n'est pas un esprit prévoyant et réfléchi qui ne pense ainsi. Malheureusement, on n'ose pas encore dépouiller le vieil homme et rejeter loin de soi le fardeau d'erreurs qu'on a longtemps porté. On a été « libéral » pendant vingt ans ; on veut rester « libéral, » ou tout au moins s'en donner les allures, sans songer que l'ordre social demande les garanties de la sécurité avant même les franchises de la liberté qui déterminent la licence, avec les maux qu'elle engendre presque infailliblement.

La presse est un outil dangereux, à l'égard duquel on ne saurait prendre, d'ailleurs, de trop grandes précautions ; c'est une arme perfide et terrible, dont il faut être toujours à même d'émousser le tranchant.

« Nos journaux, dit M. Fernand Giraudeau, ne sont pas, comme ceux des Anglais, des instruments de publicité, mais des instruments de polémique. Ils ne se contentent pas d'être de grandes agences de renseignements littéraires, économiques et politiques : ils ont une idée plus haute de leur mission. Ils ne se bornent pas à refléter l'opinion publique ; ils veulent la conduire, la former. Ce sont des professeurs, des instituteurs publics ! Eux-mêmes ils se décernent ces noms. Soit. Mais alors qu'ils se plient à la règle commune. Le professeur doit avoir un diplôme. L'État le nomme, le surveille et le révoque. On trouve cela bien, et nul ne dit que l'enseignement n'est pas libre. Dit-on davantage que la liberté de la défense n'existe pas, parce qu'à des avocats diplômés, inscrits, est réservé le droit de parler à la barre ? »

Sur le même sujet, M. Léon Vingtain a écrit ces lignes :

« Tout citoyen auquel la parole publique a été confiée, a été censuré à l'avance : le professeur par l'investiture, l'avocat par le stage : chacun reçoit en quelque sorte une commission révocable, car le gouvernement ou des conseils disciplinaires veillent sur lui. Et tout citoyen pourrait, de son autorité privée, créer un journal, tribune bien autrement puissante que la chaire du professeur ! »

Tout cela est vrai et ne saurait être contesté.

Le sentiment qu'une protection préventive doit être prise vis-à-vis du journaliste est, d'ailleurs, si naturel et si général, que M. Emile de Girardin disait autrefois :

« On ne saurait trop désirer que les gérants des journaux fussent députés ou au moins éligibles. »

Si l'on n'admettait point l'autorisation préalable, la loi, si sévère fût-elle dans les peines qu'elle édicterait, serait illusoire et frappée à l'avance d'inefficacité ; il en résulterait infailliblement de grands malheurs. On verrait encore des journaux faire publiquement appel au désordre, sans souci de l'amende et du cautionnement, même de la suspension ou de la suppression ; on en verrait d'autres provoquer à la révolte et peut-être à l'assassinat.

« On écrit, disait autrefois le *Journal des Débats*, on parle en toute sécurité ; et puis, au bout de deux ans, il n'y a pas un mot imprudent qui ne se traduise en coups de fusil. »

La *Presse* ajoutait :

« Il y a tous les jours à Paris vingt journaux qui disent que la cour et le gouvernement trahissent la France... La même idée qui met la plume à la main des penseurs met le fusil à la main de l'assassin. »

M. de Barante disait :

« Vous n'avez pas eu une sédition, pas un trouble public où l'action directe des journaux ne soit pour quelque chose. Toujours vous avez trouvé des rapports directs et habituels entre la rédaction factieuse et l'entrepise factieuse, »

Toutes ces paroles, toutes ces déclarations doivent être méditées, parce qu'elles renferment le vrai d'une situation qui est toujours actuelle, quiconque occupe le pouvoir, quel que soit le régime en vigueur, quelque forme que revête l'autorité gouvernementale. L'histoire du passé est un enseignement qu'on ne peut méconnaître sans un grand dommage ; bien étudiée, elle empêche l'homme de vieillir dans son enfance et de courir aveuglément au-devant des périls ; méconnue, elle est comme ces lumières incertaines et trompeuses qui égarent la marche du voyageur et le conduisent parfois aux abîmes.

M. Sauzet, un jour, a précisé la question ainsi :

« Pour que la répression soit efficace, il faut qu'elle empêche le retour du délit. Autrement, les condamnations ne sont que des vexations mesquines ou d'inutiles vengeances. »

Cela était supérieurement dit. Mais, pour que la « répression soit efficace et qu'elle empêche le retour du délit, » il est indispensable, absolument indispensable, que l'autorisation préalable soit rétablie, c'est-à-dire que tout journal, avant de paraître, en ait obtenu la permission. Autrement on verra ce spectacle : un journal sera condamné à la suppression, pour des faits excessifs, pour des excitations criminelles, pour des appels aux pavés, pour des encouragements au meurtre ; et, le jour où il cessera sa publication, son rédacteur défiera la loi, il se rira d'elle, il la livrera aux mépris en créant un autre journal. Cela sera un scandale : d'accord ; mais le scandale se produira infailliblement, et infailliblement il sera applaudi.

Rappelez-vous l'histoire du *National*. Condamné, par la cour d'assises de Versailles (pour compte rendu infidèle), à ne plus parler, pendant deux ans, des débats judiciaires, il changea tout simplement de nom, ou plutôt il ajouta deux mots au sien. Le *National* cessait de paraître ; le *National*.. *de* 1834 lui succédait, et l'arrêt de la justice devenait caduc.

Cette comédie n'était ni digne, ni sérieuse ; on la trouva spirituelle, et l'on rit beaucoup du tour plaisant joué aux magistrats par le journaliste républicain.

Nous avons cité l'opinion de quelques hommes sur les excès de la presse. Poursuivons dans cette voie : mais, avant, rapportons ce passage d'un document célèbre qu'on a beaucoup combattu, sans contester toutefois qu'il contînt de grandes vérités :

« Les agitations sont presque exclusivement produites et excitées par la liberté de la presse, disait le rapport accompagnant les ordonnances de Juillet. Ce serait nier l'évidence que de ne pas voir dans les journaux le principal foyer d'une corruption dont les progrès sont chaque jour plus sensibles. A toutes les époques, la presse périodique n'a été, et il est dans sa nature de n'être qu'un instrument de désordre et de sédition. C'est par l'action violente et non interrompue de la presse que s'expliquent les variations trop subites, trop fréquentes de notre politique intérieure. Nulle force n'est capable de résister à un dissolvant aussi énergique que la presse. »

L'Exposé des motifs des lois de Septembre, œuvre inspirée par M. Thiers lui-même, contenait ces phrases :

« Une partie de la société vit au milieu de la plus épouvantable anarchie ; on dirait, en lisant les papiers publics, que la France est déchirée en une multitude de gouvernements qui se disputent le pouvoir à l'aide de l'injure, de la calomnie, de la confusion de tous les principes politiques... Il faut des peines sévères contre les délits, des peines énormes contre les crimes qui s'adressent à la personne du roi, au principe et à la forme de son gouvernement. C'est la condition sans laquelle il ne peut y avoir de liberté de presse. Autrement, cette liberté dégénère en licence, et cette licence de la presse finit par devenir funeste aux gouvernements les mieux constitués. »

M. Franck-Carré disait en 1834 :

« Une presse hostile foule au pied la maxime fondamentale de notre politique, et désigne aux coups des assassins politiques la personne du roi, à l'aide d'artifices de langage et de désignations transparentes qui le montrent à tous, excepté peut-être à la justice. »

Et M. de Lamartine, en 1835 :

« La presse, à quelques exceptions près, a mal mérité du pays ; elle n'a pas été digne de sa haute et sainte mission, de sa dictature intellectuelle et morale ! Je le confesse et j'en rougis : le pays vaut mieux que son expression ; l'esprit public est plus sain que ses organes. Oui, la presse, depuis quatre ans, distille à chaque ligne la haine, la calomnie, l'outrage ; elle sue l'insurrection et l'anarchie. Combien de fois n'en ai-je pas gémi ! Combien de fois n'ai je pas partagé vos légitimes indignations ! Combien de fois n'ai-je pas été tenté de la maudire moi-même et de lui souhaiter un bâillon de fer ! »

Et M. le duc de Broglie, père de M. le ministre de l'intérieur actuel :

« Semblable à ce scélérat dont l'histoire a flétri la mémoire, et qui avait empoisonné les fontaines d'une cité populeuse, la presse empoisonne chaque jour les sources de l'intelligence humaine. »

Et M. Sauzet :

« La fièvre de l'opposition a déclaré une guerre à mort à la

Constitution et au pays. Cette guerre, elle la poursuit à outrance, et, tant qu'il lui sera donné de la continuer avec cette audace, ce serait une déception manifeste que d'espérer le repos public. Ainsi, veut-on rallier les intérêts, elle les abuse et les décourage; calmer les ressentiments, elle les aigrit ; protéger les renommées, elle les brise; honorer les mœurs publiques, elle les corrompt ; la foi sociale, elle la détruit ; veut-on rapprocher les classes, elle les divise et les irrite ; enfin populariser la royauté et les institutions, elle diffame l'une et représente les autres comme une oppression permamente pesant sur le pays. »

Et M. Havin :

« Depuis cinq ans à peine, nous jouissons de la liberté de la presse ; elle a eu tous les débordements d'un torrent longtemps comprimé ; rien n'a été respecté : la royauté, les grands corps de l'État, les actes politiques, le sanctuaire de la vie privée, tout a passé sous la censure la plus sévère, souvent la plus injuste, et presque toujours la moins motivée. La presse, sauf de rares et honorables exceptions, a abusé de la liberté et est descendue quelquefois jusqu'à la boue, jusqu'à l'ordure. »

Et M. Sénard, en 1848 :

« Nous nous souvenons de ce qui s'est passé en juin ; et, quand nous recherchons les causes qui ont amené ces déplorables événements, nous affirmons que le dévergondage d'une partie de la presse doit être sérieusement compté parmi ces causes. »

Et M. Degousée, dans le même temps :

« Je demande que le pouvoir exécutif, dès cette nuit, fasse arrêter les journalistes, afin que demain ils n'empoisonnent pas la population. Je demande qu'ils soient déportés, sur la reconnaissance seule de leur identité. »

Et M. Odilon Barrot, en 1849 :

« Le péril de la société frappe aujourd'hui tous les regards. Ce péril naît principalement de la déplorable voie que la presse a suivie depuis quelque temps. Les appels aux armes, les provocations à la violence, ont remplacé la discussion. »

On prétendra qu'avec des lois sévères, il serait possible de réprimer ces excès. Ecoutons à ce sujet M. Emile Olivier :

« Aucune loi sur la presse, quelque sévère qu'elle soit, ne peut avoir d'action efficace... Je considère l'impuissance de tous les systèmes pour dominer et refréner la presse comme un fait *complètement démontré.* Quelle que soit la juridiction chargée de réprimer les actes de la presse, que ce soit le jury ou le tribunal de police correctionnelle, dans tous les cas, les poursuites ont un effet favorable à la presse et défavorable au gouvernement qui les intente. Il faut donc, quand on parle de la presse, avoir le courage de reconnaître la vérité et dire que tout système répressif est inefficace. »

Ecoutons aussi M. Thiers :

« Oui, je reconnais les inconvénients de la liberté de la presse ; je les reconnais dans toute leur gravité. Je sais que la répression légale, elle-même, qui est indispensable pour donner quelquefois aux honnêtes gens indignés une juste satisfaction, je sais que la répression légale n'est pas suffisante pour prévenir les abus de la presse. »

A la suite de déclarations si nettes, on nous permettra de reproduire ces paroles de M. Guizot, qui sont toujours vraies, et dont la lecture devrait être recommandée à plus d'un politique imprudent de notre époque :

« Quelque dangereux que soit le travail des démolisseurs d'Etat, s'ils ne rencontraient point d'appui dans d'autres régions sociales et au sein des pouvoirs publics, ils auraient peu de chances de succès. Il faut qu'il y ait des mains tendues d'en haut à ceux qui s'agitent en bas ; il faut que des situations aristocratiques viennent en aide aux passions démocratiques, que des sages prêtent leur crédit aux fous, que d'honnêtes gens couvrent de leur bonne renommée des desseins pervers. »

Le danger que présentent les journaux absolument libres n'est point local, d'ailleurs. On l'a éprouvé en Amérique. Ecoutons là-dessus Washington :

« Si le mécontentement, la méfiance, l'irritation, sont ainsi semés à pleines mains, écrivait le grand républicain au procureur général Randolph : si le gouvernement et ses officiers ont incessamment à subir les outrages des journaux, sans qu'on daigne seulement examiner les faits et les motifs, je crains qu'il ne devienne impossible à aucun homme sous le soleil de manier le gouvernement, de serrer ensemble les pièces de la machine. »

Et, plus tard, à propos des attaques dont il était personnellement l'objet :

« Je ne crois pas, je n'imaginais pas, jusqu'à ces derniers temps, qu'il fût, je ne dis pas probable, mais possible, que, lorsque je me livrais aux plus pénibles efforts pour établir une politique nationale, une politique à nous, et pour préserver ce pays des horreurs de la guerre, tous les actes de mon administration seraient torturés, défigurés , de la façon à la fois la plus grossière et la plus odieuse, et en termes si exagérés, si indécents, qu'à peine pourrait-on les appliquer à un Néron, ou même à un filou vulgaire. »

Evidemment, et c'est notre dernier mot dans

cette étude, toutes les répressions seront insuffi-
santes et inefficaces si l'on ne place pas, entre le
journalisme révolutionnaire et la société qu'il
menace, la sauvegarde de l'autorisation préalable,
seule mesure préventive que tous les bons citoyens
doivent solliciter le gouvernement de rétablir,
dans l'intérêt de l'ordre. « L'ordre est comme la
santé, a-t-on dit : on l'apprécie quand on l'a per-
du. » Nous avons trop de fois fait cette expérience,
pour que ses enseignements puissent être tout-à-
fait stériles. Seulement faut-il s'en pénétrer pro-
fondément à l'heure où l'on prépare une législation
d'où peut dépendre l'existence de la patrie, ou sa
chute définitive.

La mécanisme qui a produit la paix intérieure
dont la France a joui sous l'Empire avant que
l'Empereur essayât de « couronner l'édifice, » n'a pu
être brisé ou abandonné sans un grave dommage.
Aujourd'hui qu'il s'agit de le rétablir, on peut en
modifier sans inconvénient quelques pièces secon-
daires, à la condition que le gouvernement garde
avec lui la clef de la machine.

Là est l'essentiel. Au moment propice, il pourra

lâcher la détente et précipiter la marche de l'appareil; et nous ne demanderons pas mieux, s'il en demeure tout-à-fait maître, c'est-à-dire s'il conserve en sa main un frein assez puissant pour arrêter ses mouvements désordonnés, pour prévenir des chocs terribles et préserver le salut commun contre quelque grande catastrophe.

Ce frein, c'est l'autorisation préalable, sans laquelle on ne fera rien de bon, et avec laquelle on ne fera rien d'absolument mauvais.

FIN

Nantes, impr. MERSON, rue du Calvaire, 8.